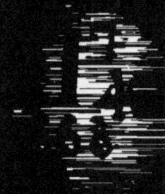

L K 7 668
    A

NOTICE

SUR

L'ÉGLISE MÉTROPOLITAINE

D'AVIGNON,

NOTRE-DAME DES DOMS.

Par L. MAS,

ASSOCIÉ DE L'ACADÉMIE DE VAUCLUSE.

Legi, scripsi.
Utinam benè.
(Dom Calmet.)

Quatrième Édition.

AVIGNON, Imprimerie JACQUET, r. S.-Marc, 22.

1843.

CHAPITRE PREMIER.

HISTOIRE DE NOTRE-DAME DES DOMS.

Le jour de la translation du chapitre métropolitain à Notre-Dame des Doms, le 29 janvier 1837, en vertu d'une ordonnance royale qui établit sa séparation d'avec l'église paroissiale S. Agricol, fut un jour de joie pour la ville, le vieillard vit renouer la chaîne des temps, et le passé rajeuni, se relever de la poussière. L'homme de la génération nouvelle, curieux des chroniques et des monumens, sentit de nouvelles sympathies. Si S. Ruf, S. Vérédème, S. Donat, S. Maxime, ne brillent plus sur le Maître-Autel, il en déplore la perte, mais tout ce luxe dont lui parle la tradition, il ne l'a point connu, sans passé personnel, il est obligé de se jeter dans le patrimoine commun des souvenirs historiques. Si les tombes des anciens du sanctuaire ne sont recouvertes que d'une pierre, ignorée ou muette, il peut voir encore les sépultures des Crillon, des Grimaldi, des Jean XXII, des Benoît XII, ce ne sont pas des contemporains qui le pressent, ni des êtres vivans qu'il coudoie mais les ombres de quelques grands hommes qui descendirent jadis dans les catacombes de l'église papale.

Avant le XIIe siècle, Notre-Dame n'était connue que sous le nom d'église de l'évêque, ou de la Ste. Vierge, de S. Jean, et de S. Etienne.

La tradition rapportée par Nouguier, Fantoni et le père Guesnai, attribue à sainte Marthe la propagation de la foi chrétienne dans la ville d'Avignon; elle réunissait ses premiers prosélytes dans une grotte qui existait sur le rocher, à la place de l'ancien cloître. (1) Fantoni cite, à l'appui de cette fondation, l'inscription suivante, en anciens caractères, que l'on voyait encore en 1780.

ANNOS CENSE QUADRAGINTA   PLAUDIT CŒLUM, URBS LÆTATUR,
EX QUA CHRISTUS MUNDI VITA   ET GENS CÆCA REVOCATUR
NATUS EST EX VIRGINE,   VERITATIS AB SPLENDOREM.
ET AVENICAN PER MARTHAM   FAC O VIRGO TUIS DONIS
AB ERRORE TRACTHAM   SEMPER UT GENS ET URBS DONIS
VERBI SACRI SEMINE.   REPLEATUR OMNIBUS
TEMPLUM ET HOC SANCTUM DIVÆ ET PERMANEANT FIDELES
MATRI DEI ADHUC VIVÆ   NEC UNQUAM DEO REBELLES
CONSECRATUR IN HONOREM.   SERVIANT DÆMONIBUS.

Le pape saint Fabien, vers 245, (2) destina pour les Gaules, une mission des plus célèbres, dont l'histoire ecclésiastique puisse faire mention. Il ordonna sept évêques, qu'il mit à la tête d'un grand nombre d'autres ouvriers évangéliques, et les envoya pour consolider les anciennes églises, et en fonder de nouvelles. Un de ces sept évêques fut, d'après Grégoire de Tours, (3) saint Paul, qui prêcha la foi à Béziers : il évangélisa Narbonne, fonda l'église d'Avignon, et y établit saint Ruf pour premier évêque. Plusieurs martyrologes ont cru que Paul Serge, évêque de Narbonne, est le même qui fut converti par l'apôtre saint

---

(1) Histoire des évêques d'Avignon, pag. 7.
(2) Longueval, tome 1, page 75.
(3) Lib 1, Cap 28

Paul. La distance de 179 ans qu'il y a de la mort de l'apôtre des Gentils à l'année 245 de la mission du pape saint Fabien, autorise à croire que le même Paul Serge n'est pas celui que l'apôtre convertit.

Des titres anciens, disent que les Romains maîtres du chef-lieu de la confédération des Cavares, avaient construit un temple en l'honneur d'Hercule, surnommé l'*Avignonnais*; ce peuple conquérant, voulait flatter par là, les opinions religieuses des habitans subjugués qui honoraient la force personnifiée dans ce dieu, d'un culte particulier. On sait qu'ils respectaient toutes les traditions des peuples soumis à leurs lois; ils les associaient à leurs idées, à leurs cérémonies et à leurs croyances; ils lui érigèrent un temple près de celui de Diane, au devant duquel ils lui élevèrent une statue. Fantoni cite l'inscription qu'on y lisait.

HERCULI AVENNICO
DEO POTENTI PROTECTORI
C. TUSCILIUS
PRO CIVIUM VENNICORUM SUSCEPTO VOTO
L. M. D. D.

Cette statue a existé jusqu'en 1366, époque où le pape Urbain V la fit briser, ainsi que le piédestal : les matériaux furent engloutis dans les murs du palais que ce pape faisait construire alors. Cette statue avait continué de recevoir dans ces temps une espèce du culte. Le peuple, quoique devenu chrétien, avait conservé l'usage d'orner sa tête de couronnes de fleurs certains jours de l'année; usage que ce pape voulut abolir, pour détruire dans Avignon, tout ce qui aurait pu conserver le moindre souvenir des divinités du paganisme. (1)

L'Empereur Constantin, assistant à un concile d'Illirie au IV siècle, ordonna la construction de plusieurs églises; il en fit bâtir une dans Avignon. Une tradition donne pour époque de cette construction une des années du règne de ce prince, qui suivirent la défaite du tyran Maxence. L'évêque d'Avignon Aventius fit la dédicace d'une nouvelle église dédiée à la sainte Vierge l'an 326 : *la Gallia Christiana* rapporte l'inscription suivante : *Dedicatio novæ ecclesiæ, Sanctæ Mariæ Avennicæ à Constantino Imperatore magnifico opere restauratæ, anno Domini incarnationis CCCXXVI, Cal. Septembris et trium altarium in ea erectorum ab aventio Episcopo.* Cette inscription ne dit point que cette église ait été construite par ce grand prince, mais seulement restaurée l'an 326, aux Calendes de septembre. L'évêque Aventius y consacra trois autels qu'on y avait élevés.

Cette église fut renversée en 407 par les barbares qui inondèrent l'Empire, alors que les peuples effrayés s'écriaient de toutes parts : Les Dieux s'en vont et nous abandonnent.

La Ire irruption des Sarrasins eut lieu vers 711, sous la conduite de Moussa, gouverneur de l'Afrique, au nom du Kalife Walid, en 734; Yous-

---

(1) La croix de la mission du 18 avril 1819, est élevée sur l'emplacement où était la statue d'Hercule l'*Avignonnais*. Les pierres des piédestaux des adorateurs, et toutes les marches circulaires, qui servent de fondation à la croix, sont extraites de la place de la commune et des restes d'un monument payen.

souf, gouverneur de Narbonne, et Mauronte, duc de Marseille, s'emparèrent d'Avignon, dont l'importance militaire est attestée par les chroniques du temps. (1) Cette ville, moins étendue qu'elle ne l'est aujourd'hui, était presque entièrement entourée par les eaux du Rhône. Dans le VII siècle, on pouvait encore aller à pied sec à la tour de Ville-Neuve. (2) Une formidable citadelle couronnait le rocher des Doms taillé à pic, et protégeait la ville, qui avait déjà soutenu victorieusement deux sièges remarquables, l'un contre Clovis, en 500, et l'autre en 583.

Arrivés sous les murs d'Avignon, les Francs en firent le siège, qui fut long et meurtrier; la ville fut prise d'assaut, et les Sarrasins passés au fil de l'épée; une grande partie des habitans fut égorgée, les maisons livrées aux flammes : les églises et les monumens romains disparurent dans ces désastres. Ce fut le 15 août 735.

Dans le VII siècle, l'évêque Agricol fit venir des moines de Lérins; ils apportèrent avec eux leur manière de psalmodier, à deux chœurs alternativement : cet usage n'existait pas encore dans aucune autre église de France. Ces religieux furent sécularisés dans le IXe siècle.

Le célèbre père Thomassin dit après examen, (3) qu'on attribuait à saint Augustin, la gloire d'avoir établi le premier des communautés ecclésiastiques, peu après 395. La Ire communauté des apôtres, des disciples, et à leur imitation celle des fidèles, ne consistait que dans la désappropriation et la distribution qui se faisait à cha-

(1) M. de Blegier.
(2) Statistique des B. du Rhône.
(3) Lib. Cap. 40.

cun, selon ses besoins; mais ils ne logeaient ni ne mangeaient pas en commun. Saint Augustin, au contraire, fit prendre à son clergé la profession et l'état de ces religieux; il les laissa dans l'état ecclésiastique, sans rien ajouter à la vie, et à la piété cléricale que la vie commune, et la pauvreté volontaire, à l'exemple des apôtres. Le nom de chanoines fut donné à ces religieux, parce qu'ils suivaient une règle de conduite tirée des canons; ce nom fut commun à tous les officiers de l'église, sans aucune distinction : plus tard les conciles d'Aix-la-Chapelle en 816, et de Rome en 1059, continuèrent à obliger les chanoines à n'avoir rien en propre. On voyait en 1096, des chanoines réguliers de l'ordre de saint Augustin qui desservaient l'église des Doms : le pape Urbain II se trouvant à Avignon, avait assisté à leur prise de possession, ainsi que le roi d'Aragon, comte de Provence. Ces chanoines observaient encore la règle de saint Augustin en 1485. Le cardinal Julien de la Rouère, légat en France, et plus tard pape sous le nom de Jules II, les sécularisa.

Le relâchement dans la discipline s'était introduit chez eux, puisque quatre de ces chanoines, désirant la réforme, et voulant vivre dans leur premier état, s'étaient séparés de la communauté mère; l'évêque d'Avignon Benoît leur avait donné en 1039 l'église de saint Just et quelques terres qui en dépendaient. Arnaud, Odilon, Ponce et Durand y pratiquèrent la pauvreté volontaire et la vie commune. Ce monastère prit le nom de saint Ruf, premier évêque d'Avignon; il fut ruiné à son tour par les Albigeois en 1210. L'évêque saint Vérédème, vivant en 499, avait été religieux de l'ordre de saint Augustin.

Ildefonse, roi d'Aragon, comte de Barcelone, et VIIIe comte de Provence, fut chanoine régulier du même ordre, dans le vénérable chapitre de Notre-Dame des Doms, et prévot de l'abbaye de Saint-Ruf.

A l'occasion des troubles des Albigeois l'abbaye de S. Ruf transporta la maison mère à Valence, l'évêque Odon leur fit de grandes concessions, ils s'établirent dans l'île Esparvière; les guerres civiles les obligèrent en 1562 de chercher un asile dans la ville.

CHAPITRE SECOND.

CONSTRUCTION.

Cette église a subi de si nombreuses modifications, par les constructions de diverses époques que l'on y voit, qu'il est difficile de reconnaître sa forme primitive; tous les arceaux de la tribune portent des marques de destruction; les parties extérieures de l'édifice sont en grande partie ou inachevées, ou détruites.

M. Mérimée (Prosper), inspecteur des monumens historiques, après l'avoir attentivement examinée, dit que cette ancienne église cathédrale est comme une transition entre l'époque romaine et le moyen-âge. Son porche est l'un des monumens les plus curieux qu'offre la Provence. Au premier aspect, on est tenté de le croire antique, le doute ne vient qu'après un examen sérieux; et lorsqu'il s'agit de lui donner une date, on se trouve jeté dans la plus grande incertitude.

La porte extérieure se compose d'une arcade en plein cintre, entre deux colonnes cannelées, soutenant un fronton triangulaire. La seconde porte, celle qui s'ouvre dans l'église, est semblable, si ce n'est qu'elle est plus haute et que l'angle supérieur du fronton est plus aigu. Les chapiteaux, les moulures, les ornemens des archivoltes, tous les détails, ont un style antique qui frappe vivement au premier abord.

Cependant on ne retrouve pas les caractères si reconnaissables de l'appareil romain. Celui-ci est plus compliqué, et formé de pierres dont les dimensions sont moindres que celles du grand appareil romain, et plus considérables que celles du petit appareil. Les tambours des colonnes engagées sont taillés d'une manière bizarre : chaque demi-cercle porte une espèce de queue, qui entre et fait corps dans la muraille, alternativement à droite et à gauche. Je ne crois pas que cette taille se rencontre dans aucun appareil antique. On observe également la forme moderne du fronton intérieur et l'œil de bœuf du fronton extérieur. Enfin, les moulures des impostes de l'arc extérieur présentent entre elles des différences de formes assez sensibles pour indiquer le commencement de cette haine de la symétrie, de ce goût de la variété des détails, propre à l'architecture du moyen-âge; goût qui, prenant successivement plus d'extension, atteignit son plus grand développement à l'époque gothique. (1)

Si nous sommes parvenus à rendre cette description compréhensible, on remarquera que ce porche ne se distingue d'un monument antique que par des caractères négatifs. Aucun de ces caractères isolés n'est absolument concluant; mais leur ensemble forme une masse de présomptions qui approchent de la certitude. On sent qu'ils ne peuvent servir à indiquer une époque, une date précise; et ici il faut procéder par voie de négation. Et d'abord on ne peut supposer que ce porche ait été construit postérieurement au xie siècle; car, à cette époque, commença en Provence et dans toute l'Europe un style d'architecture tellement caractérisé, que toutes les constructions qui s'y rapportent sont facilement reconnaissables. On pourrait, il est vrai, supposer (l'intention d'imiter l'antique ... ant patente) que cette imitation a pu avoir lieu aussi bien au xie siècle qu'aux siècles précédens: c'aurait été une exception, un caprice d'artiste. A la rigueur, la chose serait possible; mais, pour l'admettre comme vraisemblable, il faudrait pouvoir citer quelque exemple à l'appui. Nous voyons bien plusieurs imitations de l'antique, dans le 11e et le 12e siècle, mais toujours incomplètes et très reconnaissables. Les pilastres d'Autun, par exemple, sont copiés sur ceux des portes romaines de cette ville; mais leurs chapitaux et

(1) Il paraît évident que ce porche, dans sa construction primitive, était ouvert sur ses deux faces latérales. On peut s'en convaincre en examinant les arrachemens qui subsistent encore du côté de l'église. Quelques archéologues pensent que ce porche a été détruit en partie par le renversement du clocher, et que les parties supérieures du fronton à œil-de-bœuf entre autres, peuvent bien être le résultat d'une restauration.

tous les détails de l'église à laquelle ils appartiennent, sont romains. A cette époque, on a bien imité des détails; mais je ne sache pas qu'on ait jamais copié le style général de l'architecture antique. D'ailleurs, où étaient les modèles que les architectes de ce temps auraient eus sous les yeux pour les copier? Avignon, successivement saccagé par les Francs et les Sarrasins, ne devait plus présenter que des ruines informes. Nous pensons donc qu'il faut se reporter à une date plus éloignée de nous. — Il semble d'abord naturel de chercher une époque de renaissance, où le goût antique, auquel on revient toujours en sortant de la barbarie, a été remis en honneur. Le siècle de Charlemagne m'avait paru probable par ce motif (1). En effet, dans les dernières années de son empire, Charlemagne imprima à l'Europe un mouvement de civilisation prononcé, qui se manifesta par une imitation de l'organisation politique de l'empire romain, par l'étude de la langue et des arts de ces maîtres du monde. Mais rien ne prouve que l'architecture ait suivi ce mouvement. Les constructions, que l'on est fondé à croire carlovingiennes sont empreintes de barbarie, et rien n'y rappelle les proportions élégantes du portail de Notre-Dame des Doms.

Reculant ainsi de siècle en siècle, on est bientôt forcé de s'arrêter à la limite tracée par les invasions des barbares, pendant lesquelles on ne peut guère supposer que l'on ait élevé d'autres constructions que celles qui pouvaient défendre les villes contre les dévastateurs. Du 6e au 7e siè-

---

(1) On trouve dans la GALLIA CHRISTIANA que Charlemagne fit réparer N. D. des Doms. ECCL. AVEN., pag. 796

cle, la Provence a joui d'une tranquillité *relative*, qui permet de penser qu'on a pu s'occuper alors de bâtir des édifices religieux et durables et de grandes proportions. Les souvenirs romains n'étaient pas encore effacés, et l'on ne connaissait alors d'autre architecture que celle du Bas-Empire plus ou moins adroitement reproduite. C'est à cette époque qu'on pourrait supposer que le portail en question a été élevé. Dans cette hypothèse, les limites seront d'un côté le règne du roi bourguignon Gontran; de l'autre, les invasions des Sarrasins.

Le tympan du fronton intérieur est orné d'une fresque maintenant presque détruite, mais dont les restes annoncent un beau dessin et une composition simple et grandiose. Je la crois du 14e siècle. D'autres fresques, plus modernes peut-être et moins bien exécutées, se voient encore sur les murs du passage qui conduit du porche à la nef de Notre-Dame. Le morceau le mieux conservé représente le baptême de Jésus-Christ par saint Jean. Deux anges, dont les têtes sont admirables, planent au-dessus du groupe. A côté on voit un homme avec un enfant, une femme et deux jeunes filles, probablement la famille du donataire. Les costumes sont extrêmement curieux.

L'intérieur de l'église, qui présente l'apparence d'une basilique romaine, plus moderne suivant nous que le portail, bien que son ornementation ait aussi un caractère antique, a été restauré à plusieurs époques. Les chapelles latérales ont été construites au 14e siècle, ainsi que l'abside que l'on a cherché cependant à raccorder avec le reste de la basilique. Quant au clocher, on sait positivement qu'il a été détruit en partie au commencement du 14ᵉ siècle, soit à la suite du siége que soutint Benoît XIII, soit par l'effet d'un tremblement de terre. Il est constant qu'il a été réparé en 1331. La voûte de la partie la plus ancienne de Notre-Dame est ogivale, en berceau; mais les fenêtres et les arceaux intérieurs et extérieurs des murs latéraux sont en plein cintre. Nous avons parlé du style antique de l'ornementation; la corniche qui soutient la partie *ancienne* du clocher est surtout remarquable à cet égard. M. Renaux, architecte du département de Vaucluse, a vérifié que son profil était copié exactement sur celui de la corniche de l'attique de l'arc antique d'Orange.

Notre première impression, et nous croyons qu'elle sera partagée par tous ceux qui ne sont pas encore familiarisés avec l'architecture du midi, fut que la partie la plus ancienne du monument, le porche excepté, appartenait à la fin du 12 siècle; et nous attribuons le rapport entre l'ornementation de la nef et celle du porche, à une imitation de bon goût; imitation dont on a un exemple, plus moderne à la vérité, dans la décoration de l'abside. Toutefois, notre jugement n'est fondé que sur la présence de cette voûte en ogive; et les conclusions que l'on en peut tirer ont perdu pour nous de leur importance, par suite des observations que nous avons faites dans le courant de notre voyage sur plusieurs églises du midi où l'on voit des ogives certainement fort anciennes (1).

(1) M. Mérimée, qui connaît parfaitement l'architecture du midi de la France, n'est point éloigné de croire que le portail de Notre-Dame est contemporain de la nef, et que l'un et l'autre appartiennent à l'époque de Charlemagne. Il fait remarquer que l'ornementation est la même, et qu'entre eux il n'y a de différence que dans l'appareil. Quant à la voûte ogivale, l'arc

CLOCHER.

L'ancien clocher, bâti sur le mur même du *vestibulum*, s'écroula de vétusté en 1405, pendant qu'on chantait les vêpres. Sa chûte n'entraîna pas toute la muraille; ce qui resta fut jugé assez solide, pour y établir celui que l'on voit aujourd'hui, *Anno* 1405, dit le père Valladier, jésuite, *Campanaria turris domnensis, dùm preces vespertinæ haberentur, ruinâ inopinatâ. Restituta fuit anno* 1431.

On distingue, au simple coup d'œil, la ligne qui unit les deux constructions; une corniche faisait partie à la fois du portique et du vieux clocher; elle paraît de la même main et du même ciseau : elle porte les mêmes ornemens que la corniche du grand portail du vestibule. Le conseil de ville avait accordé au chapitre, le 20 avril 1417, cent ducats de 16 gros, pour l'aider à la refonte des cloches brisées par les Catalans lorsque Benoit XIII était assiégé dans son palais; on lisait en latin sur la plus grosse : Pierre, apôtre, je loue le vrai Dieu, je convoque les fidèles, je réunis les ministres, Ma voix est la terreur des démons. J.S., ma fait 1417.

Sous le portique il y a quelques tombeaux de grands hommes, dont les cendres honorent Avi-

---

brisé et très-peu prononcé, et il pense que cette forme a pu être adoptée dès le 9ᵉ siècle, pour obtenir la pente nécessaire à la toiture, dont le dallage repose immédiatement sur la voûte, et pour donner à la construction la solidité qu'elle n'aurait pu avoir, si la voûte eût été en plein cintre, L'épaisseur de cette voûte est telle, qu'à la clef elle n'a pas moins de 1 m. 80 cent.

gnon. Avant 1793, on voyait une grande pierre, servant de pavé, avec un squelette tenant sa faulx; et ces mots : *Qui me Calcas Calcaberis.*

D. O. M.

Hic abscondita est lucerna charitatis.

M. Louis de Suarés d'Aulan, prévôt de l'église métropolitaine, et vicaire général du diocèse, y fut enterré en 1682. A son côté une inscription presque indéchiffrable annonce que c'était le tombeau des enfans de chœur.

Le cardinal Annibal de Cecano avait fait peindre le portique en 1340, par Simon Memmius, ami de Pétrarque.

Ce fut sur les degrés extérieurs du portique de Notre-Dame que fut lue en 1251 la convention de Baucaire, Avignon s'y soumetait de nouveau aux comtes de Provence et de Toulouse qui ne lui laissèrent qu'une partie de ses privilèges et une ombre de liberté.

MESURE DE L'ÉGLISE

D'après les documens de la préfecture,

Longueur avec épaisseur des murs...	55 m.	80
Largueur, idem....................	22	55
Hauteur extérieure de la coupole....	26	98
Hauteur de la tour du clocher......	39	40
Longueur de l'église, y compris le portique et l'épaisseur des murs........	55	80

Largeur prise au milieu de l'église, chapelles comprises.................... 32 55

VESTIBULE.

En entrant dans l'église, le vestibule est à l'antique, destiné autrefois aux pénitences publiques, et plus tard aux pauvres et aux femmes qui assistaient aux offices avec leurs enfans. La voûte, plus récente, fut refaite en 1431 ; une partie est ornée de rosaces en mosaïques sculptées avec goût; l'autre est peinte en grisailles. Les murs latéraux offrent de curieuses fresques représentant le costume des habitans d'Avignon aux 13e et 14e siècles.

Sous la voûte de droite, était autrefois la chapelle de *la custode*, c'est-à-dire, où l'on enfermait le Saint-Sacrement après les offices. Elle était fermée par une forte grille en fer. On en a fait aujourd'hui un passage.

Les deux statues qui sont dans les niches viennent des Invalides. M. le général Lenoir en a fait don en 1835. Avant la dévastation de l'église, dans la niche à droite était la statue de Saint Pierre, et dans celle de gauche, un vase en marbre noir.

INTÉRIEUR DE L'ÉGLISE.

1. LA NEF. Ce mot est dérivé de *navis*; navire, parce qu'en effet la nef a la forme d'un vaisseau renversé : les Grecs l'appelaient *Proanos*. C'est la partie de l'église comprise depuis le chœur jusqu'à la porte d'entrée.

Celle de Notre-Dame est entourée d'une tribune formant une frise surmontée d'une balustrade en pierre à jour, soutenue par des culs-de-lampe d'une riche sculpture : le sujet de chacun de ces culs-de-lampe est différent; ils sont néanmoins uniformes au coup-d'œil.

Au dessus de la porte d'entrée on voit les armes de la ville avec cette inscription :

SENATUS POPULUSQUE AVENIONENSIS
HANC BASILICAM DEI PARÆ VIRGINI VIVENTI DICATAM
HUNC PORTICUM MAGNA EX PATTE ORNAVIT
CONSULIBUS MELCHIORE DE GALÉANS, DOMINO DE CASTELLET,
NICOLAO FOLARD ITERATO, CLAUDIO CALVET
ET PETRO DE ROBERT ITERATO ASSESSORE CURANTE
FRANCISCO DELBENNE. J. V, D. ET ANTECESSORE.
AN. REP. SAL. HUM. MDCLXXII.

C'est aussi vers cette époque de 1672 que la tribune fut construite et que fut peint le dôme qui est sur le maître-autel. Au-dessus de la tribune, sont des colonnes de l'ancien ordre corinthien, ainsi qu'une frise qui fait le tour de la nef et qui est du même goût.

Au milieu de la nef, on voit l'inscription suivante sur un pillier, qui rappelle que M. de Jarente de Cabanes la Bruyère fut prévôt de Notre-Dame, chevalier de Malte, qu'il refusa l'épiscopat, et que par humilité, il voulut être enseveli dans le tombeau des enfans de chœur.

Ludovicus Gabriel de Jarente de Cabanes la Bruyère, *vir primariæ nobilitatis, eques melitensis, hujus sanctæ ecclesiæ præpositus, cleri*

*immunitate propugnatâ, sacris infulis recusa-
tis, humili puerorum chori tumulo condi vo-
luit.*

*Obdormivit in Domino, anno salutis 1709,
quinto indus octobris. Disce viator,
Magna declinare, et humilia appetere.*

TABLEAUX.

Levieux (Raynaud). La Présentation de J.-C. au Temple.

Mignard (Nicolas), surnommé *d'Avignon*. La Visitation de la Sainte Vierge. L'Annonciation de la Vierge. La Présentation au Temple. L'Assomption de la Sainte Vierge.

Mignard (Pierre), surnommé *le Romain*. L'Assomption de la Sainte Vierge.

Parrocel (Pierre). Saint Ruf, premier évêque d'Avignon. La Résurrection de Jésus-Christ. Saint Bruno.

Latil. Jésus-Christ guérissant un possédé; tableau donné par le Roi en 1829.

CHAPITRE TROISIÈME.

SANCTUAIRE ET CHOEUR.

Le sanctuaire était anciennement un demi-cercle qui enfermait l'autel par derrière ; le dessus une voûte en forme de niche appelée *concha* ; et l'arcade qui en faisait l'ouverture, s'appelait *abside*. Le siège de l'évêque était élevé au fond et les prêtres étaient sur des bancs à ses côtés. Le sacrifice se célébrait dans le sanctuaire ; on y cachait les sacremens c'est-à-dire, les choses sacrées. Les mystères n'étaient seulement expliqués que dans les apologies, pour justifier les chrétiens des Calomnies qu'on leur imputait.

L'an 1670, sous l'archevêque Azon Arioste, on agrandit la nef en diminuant une grande tribune, et l'on construisit le chœur. L'ancien autel, recouvert de lames d'argent ciselé, a fait place à un autel en marbre sculpté par Mazetti en 1823.

L'autel est éclairé par un dôme sur quatre rangées d'arcs doubleaux qui s'élèvent graduellement et portent une voûte en coupole d'où descend un jour mystérieux. Tous les angles présentent des colonnes comme le pourtour de l'église. Les peintures sont, dit-on, de quelque artiste du règne de Louis XIV.

On y voit les armes du Pape, du Roi de France, du Vice-Légat, et de l'Archevêque de cette époque.

Cette église fut dépouillée au commencement de la révolution d'environ vingt-cinq quintaux d'argenterie matérielle, de ses diamans et perles fines ; de ses rares et précieux ornemens ; de ses peintures et de son riche mobilier.

A côté du trône archiépiscopal, sur une plaque de marbre blanc.

D. O. M.

Hic beatam resurrectionem expectat, cor. R. D. Ludovici de Focasse d'Entrechaux, presb. hujus metrop. eccl. canonici

Obiit anno 1706.

Le père Roque Jacobin a écrit sa vie. Il mourut le 15 Février à 73 ans, dans la réputation d'un Saint ecclésiastique, et d'un homme de mérite.

Sur la crédence, à côté de l'évangile, est l'épitaphe de M. Tonduti de Saint-Légier, trésorier et pénitencier de l'église.

Hoc choro, recens ædificato, nobilisimi ac R. admodùm D. D. Petri de Tonduti san Legerii, hujus S. Ecclesiæ thésaurarii, ac pœniventiarii, liberalitate et munificentiâ decorato, tariisque à majoribus suis, eid. eccl. [collatis donis, hoc grati animi monumentum posuere præposit. canon. et capit.

Anno salutis 1703.

Sur l'autre crédence, à côté de l'épître, l'épitaphe du savant et illustre évêque Bellamera professeur de droit à l'université d'Avignon, de 1374 à 1382. Il fut un des hommes les plus savans de son siècle, auditeur de Rote à Avignon, auditeur du pape, évêque de Lavaur, d'Anneci et d'Avignon, où il mourut en 1407.

Hic jacet, OEgipius de Bellamera, vocatus juribus et causis eloquiisque potens contradictarum, priùs ille, auditor et indè primus,

*apud papam, cui referenda debet justus Hic
in causis judex fuit, atque benignus arbiter,
et partes pacificabat, amans, sic in concilio
semper prior ille sedebat justitiæ, atque fuit
hic caput ipse Rotæ rexit hic ecclesiam vauren-
cem, et anniciensem, Avenionensis et tertia nos-
tra fuit, respuit ecclesias alias, tàm nomine
quàm re; majores alii; quas cupiere nimis sepius oblatas, ingestas, sepius illas spernit,
namque sibisat fuit, omne parum noluit, et po-
tuit romano cardine fungi.... Hic studio multa volumina legit, condidit, et nostro multa le-
genda sæclo.*

Il fut enseveli à la droite du Maître-Autel, il refusa le chapeau de Cardinal que lui offrait l'anti-
pape Pierre de Lune. Benoît XII, l'avait envoyé au
Roi de France pour lui protester qu'il n'avait ac-
cepté la papauté que pour la sacrifier à la paix de
l'église, il légua sa bibliothéque au chapitre de la
métropole.

Anno S. 1410, *Juannes Maria Neapolitanus.*

Anne Louise de Laqueille, épouse du savant de
Cambis-Velleron, originaire de Florence, qui
fit mettre l'inscription suivante près de la porte
de la chapelle de S. Joseph, sur une plaque de
marbre noir.

D. O. M.

*Ludovico Josepho Dominico de Cambis-Vel-
leron, origine Florentino, patriam! Aven-
niensi, viro ingenio doctrinâ scriptis moribus,
religione eximiæ patriæ jurium vindici, strenuo
bonis omnibus charissimo, Anna Aloysia De-*

laqueille, conjugi optimo Mœrens posuit.

Obiit die XXII mensis maii, anno 1772.

En face, sur une plaque de marbre liseré gris, on voit les armoiries de M. l'abbé Poulle, vicaire général de Laon, abbé commandataire de Nogent-sous-Coucy, et prédicateur du Roi.

D. O. M.

Ludovico de Poulle, prædicatori regio, B. Mariæ de Novingento, abati comendatorio, diœcesis, vicario G. viro morum candore, vitæ integritate, cunctis amabili, ingenii prestantiá, Massiloni æmulo.

Ludovicus de Poulle, ecclesiæ avenionensis præpositus diœcesis macloviensis vicarius generalis, fratris, filius memor, mœrens, qui patruo benè merito posuit.

Obiit. VIII nov. 1781 ætatis 79

Il fut bon prédicateur et la morale qu'il prêchait fut toujours d'accord avec sa conduite, vertueux sans ostentation, bienfaisant par caractère, tolérant sans indifférence, il évita de défendre sa religion avec cet esprit aveugle qu'elle reprouve. Il s'éteignit presque octogénaire, à Avignon, le 8 novembre 1781.

SIÉGE DES PAPES.

Le siège archiépiscopal en marbre blanc était dans une chapelle. C'était le siège des papes qui ont habité Avignon de 1308 à 1377, et des papes vivans pendant le grand schisme d'Occident de 1378 à 1403. Après l'extinction de ce schisme en 1411, le cardinal Pierre de Thurei, légat d'Avignon, le fit sceller par respect dans un mur à 12 pieds d'élévation, où il est resté jusques en 1837. Monseigneur l'archevêque Du Pont jugea que ce siège monumental que l'œil inattentif du vulgaire apercevait à peine, et dont la position singulière était pour la plupart une véritable énigme, n'était pas à la portée des observateurs, puisque le curieux amateur, allait de temps en temps, perché au bout d'une échelle, examiner les intéressans détails de sa structure et les nombreux souvenirs qu'il rappelait, il le fit descendre pour s'en servir. Sur le socle du côté droit, sont gravées ces paroles:

Illic sederunt sedes, sedes in judicio.

Et du côté gauche:

Anno Domini MDCCCXXXVII restitutæ.

Le trésor actuel de l'église contient quelques objets précieux donnés par M. Calvet, fondateur de notre Musée; entre autres une Flagellation d'argent massif, dont le Christ est du Puget; monument inestimable possédé d'abord par le cardinal de Polignac, et ensuite par l'abbé Dubos, de l'académie française; un grand Christ d'ivoire que M. Calvet certifie avoir appartenu à Pierre Mignard, dit le Romain. Il y a aussi de très beaux ornemens et de vases sacrés de prix.

CHAPITRE QUATRIÈME.

CHAPELLES.

Dans la primitive église, le pourtour de la nef était garni de chambres ou cellules pour les fidèles qui voulaient méditer et prier. Nos chapelles servent aujourd'hui à cet usage.

1. S.-ROCH, né à Montpellier de famille noble, mourut vers 1348. Plusieurs villes désolées de la peste eurent recours à son intercession. Ce fléau dévastateur sévit à Avignon en 1361, du 28 Mai au 25 juillet, il emporta 17000 ames. La peste reparut en 1374, en 1390, en 1397, en 1520. Celle de 1521 enleva 4,400 personnes, celle de 1629 en fit périr 5,000 sur 10,000 qui en furent atteints et celle de 1721, qui vint de Marseille en fit disparaître 6,064 la population de la ville fut réduite à 18,000 ames. C'est dans les temps de calamité qu'Avignon dressa un autel à S. Roch.

2. S.-GRÉGOIRE. Dévastée pendant la révolution, cette petite chapelle, élégante et gracieuse, a été restaurée par les soins de Mgr. Du Pont. A droite, est la statue du saint avec la *cappa magna* et le *biretum*; à ganche, est la statue de saint Joseph. L'art. 142 des statuts capitulaires dit que pendant la vacance du siège, la chapelle de Saint Grégoire sera tendue en noir, avec les armes et les insignes de l'archevêque décédé, et

que tous les jours une messe basse y sera célébrée pour le repos de son ame.

3. Ste.-VIERGE. C'était autrefois celle de la *Résurrection*. Elle fut bâtie par Hyacinthe Libelli, religieux de l'ordre des Frères-Prêcheurs, archevêque d'Avignon. Ce prélat n'oublia rien pour l'embellir. Aussi, cette chapelle est-elle remarquable par la richesse et l'élégance de ses sculptures, sa voûte en coupole et son dôme en miniature. Le tombeau d'Hyacinthe Libelli était autrefois surmonté d'un squelette, en pierre, admiré comme un chef-d'œuvre par les connaisseurs; il a été brisé dans la révolution. Hyacinthe de Libelli, 43e Vice-Légat, avait été maître du sacré palais; de son temps le Pape Clément X permit aux chanoines de Notre-Dame de porter pendant toute l'année le rochet avec la chappe rouge dont ils ne se servaient auparavant que pendant l'hiver. Il mourut à Avignon le 28 octobre 1684 avec la réputation d'un prélat très savant et très pieux. L'autre tombeau renfermait le corps de l'archevêque Rostang de Marguerite, décédé en 1169, trouvé lorsqu'on refit la chapelle, et porté dans ce mausolée. Hyacinthe Libelli était un de ces prélats qui mettaient leur gloire dans l'embellissement de leur métropole. Il fit refaire les tribunes, dans la sculpture desquelles on reconnaît le goût qui a présidé aux travaux de la chapelle de la Résurrection.

Le tombeau du brave Crillon est un de ceux qui fixe plus particulièrement l'attention des curieux. Il était dans le sanctuaire, au côté gauche du grand autel, près du trône archiépiscopal. Une inscription simple et des trophées d'armes placés derrière le siège du prélat, indiquaient aux voyageurs la sépulture de l'ami d'Henri IV. La vie de Crillon est trop connue pour la répéter dans cette monographie. Cet homme célèbre, dont on désirerait voir la statue sur une place de la ville, mourut à Avignon en 1615 et fut inhumé à la Métropole. Le lieu n'étant pas favorable pour lui ériger un tombeau digne de sa gloire, sa famille lui éleva un cénotaphe dans l'église des Cordeliers ; ce qui a fait croire à plusieurs personnes que ce guerrier y avait été inhumé.

Cette chapelle a reçu la belle Vierge de Pradier, chef-d'œuvre destiné à raconter aux générations futures, les bienfaits de la divine Marie, sur les habitans d'Avignon, et la reconnaissance éclatante de toute la ville envers sa bienfaitrice. Un jour, dit à ce sujet Mgr. l'archevêque, les enfans demanderont à leurs pères, en voyant cette statue, le motif de son érection ; ceux-ci leur diront que ce monument est un témoignage sans cesse subsistant de la protection dont les a couverts la plus pure des Vierges. Un fléau destructeur portait partout ses ravages ; il menaçait déjà Avignon ; il commençait d'y faire quelques victimes ; la population invoqua la Mère des miséricordes, sollicita sa puissante méditation. La ville fut secourue, et le mal disparut. Il fut dit alors, qu'on lui éleverait une statue de reconnaissance. Le vœu en fut fait, la population entière voulut y contribuer, l'élan fut général : il produisit une somme fort considérable, que l'on destina à l'acquisition de la statue, et depuis, il est fort rare de ne pas y voir des personnes qui se vouent à celle qui est toute puissante. Souvenez vous, chacun lui dit, ô très pieuse Vierge Marie, qu'on n'a jamais ouï dire qu'aucun de ceux qui ont eut recours à votre protection, imploré votre secours et demandé vos suffrages ait été abandonné. Animé d'une pareille confiance, ô Vierge des Vierges, je cours à vous et gémissant sous le poids de mes péchés je me prosterne à vos pieds, ô mère du Verbe, ne méprisé pas mes prières, mais écoutez les favorablement et daignés les exaucer.

Chapelle de Saint Joseph en restauration. L'architecture est contemporaine de la façade de l'église de S. Agricol. Sur la porte qui va aujourd'hui à la sacristie il y avait le caveau ou trésor des Saintes reliques avec cette inscription :

D. O. M.

V. D. S. Reliquiis erexit. R. D. pet. Guyon. J. V. D. hujus ecclesiæ Canonicus, an 1628

Une grande pierre de marbre rouge devant l'autel recouvre, dit-on, les restes de M. de Nicolaï.

Le tombeau de Jean XXII s'élève au milieu de la chapelle.

Ce beau mausolée, monument en style gothique fleuri, est d'une élégance et d'une légèreté admirables. Cette variété infinie de clochetons, ornés de feuillage, s'élevant graduellement pour former du tout une seule pyramide tumulaire, est du plus bel effet.

Il fut d'abord élevé au milieu de l'église en 1334, époque de la mort de ce Pape. Tout magnifique qu'était ce tombeau, il était là bien mal placé ; non seulement il gênait dans une foule de circonstances, mais il masquait le maître-autel. Par respect pour cet illustre défunt, on l'y laissa pendant quatre cent vingt-cinq ans. La raison et la convenance l'emportèrent sur le respect; le mausolée de Jean XXII fut démonté pierre par pierre, et rétabli au milieu de la chapelle de St-Joseph, au côté droit du sanctuaire. La translation de ce tombeau ne put être opérée sans faire l'ouverture du cercueil. On y trouva le corps du Pontife, ayant les bras croisés sur la poitrine, des gants blancs de soie aux mains, une bague d'or avec une pierre bleue au doigt, une tunique violette en soie, une chappe ronde enrichie de perles fines et de broderies représentant les douze apôtres (1), le pallium, une mitre de soie blanche, à deux pendants cramoisis, des bas et des pantoufles de soie blanche. Ce corps avait été embaumé, et s'était assez bien conservé.

On ne tarda pas à voir qu'il gênait encore au milieu de cette chapelle, à l'extrémité de laquelle se trouvait la sacristie. Mgr. François-Marie de Manzi ordonna son déplacement en 1759. On le démonta derechef et on l'adossa contre un mur latéral, en l'enfonçant cependant de quelques pieds au dessous du sol en glacis, parceque la naissance de la voûte donnait une moindre hauteur que le milieu.

Ce tombeau fut mutilé en 1793; on ouvrit le sépulcre, on emporta le plomb, et le corps exhumé fut mis en lambeaux et les ossemens enfouis avec d'autres.

---

(1) C'était cette chappe qu'avant la révolution on exposait sur l'autel le jour de la dédicace de l'église.

Enfin, long-temps après l'orage révolutionnaire, ce monument précieux d'architecture gothique, ne pouvant plus rester dans la chapelle de St-Joseph, destinée à remplacer l'ancienne sacristie qui avait été démolie, fut pour la troisième fois changé de place, et transporté, tout dégradé qu'il était, dans la chapelle de l'Annonciation, et de la il est revenu en 1841 dans cette même chapelle de S.-Joseph où on le restaure.

Une inscription que l'on ne voit plus, était la Biographie du pape Jean XXII : elle rappelait que Jacques d'Ossa fut évêque de Porto, de Fréjus, d'Avignon, cardinal en 1312, pape au mois d'Août 1316. Il canonisa saint Louis évêque de Toulouse, et saint Thomas d'Aquin; il confirma l'ordre des chevaliers du Christ en Portugal, pour faire la guerre aux Sarrasins d'Afrique et aux Maures de Grenade. Il reforma celui de Grammont; il érigea diverses abbayes en évêchés; et Toulouse divint archevêché; il eut pour suffragans Montauban, Lavaur, Mirepoix, Saint-Papoul, Riez, Lombez et Pamiers, déjà établi sous Boniface VIII : il érigea l'archevêché de Bourges, les évêchés de Saint-Flour, de Vabres, de Castres, de Saint-Pons, de Tulle, Condom, Sarlat, Luçon : il bâtit le palais des papes à Avignon, et mourut le 4 décembre 1334, à 90 ans, après avoir joui de la papauté 18 ans, 3 mois et 28 jours.

CHAPELLE NOUVELLE,

dite du Saint-Sacrement.

Elle est formée de la chapelle de la Résurrection et de celle de l'Annonciation, bâtie par Antoine Flores, archevêque d'Avignon, en 1506, pour lui servir de sépulture, ainsi qu'à ses successeurs.

On y a transporté au bas le mausolée du pape Benoît XII, successeur de Jean XXII. Ce tombeau était placé au milieu de cette chapelle; mais menaçant chaque jour de s'écrouler, la confrérie des Tailleurs supplia et obtint de l'archevêque de Manzi la permission de le faire transporter au haut de la chapelle où il resta jusqu'en 1841. M. Dévéria le fit placer où il est aujourd'hui avec une nouvelle restauration. En 1692 le mausolée fut abattu, et la plus grande partie des ornemens qui le décoraient furent supprimés dans la reconstruction. On y lisait autrefois l'inscription suivante :

HIC SUBSUNT CINERES ET OSSA
BENEDICTI XII,
PONTIFICIS MAXIMI QUI FUIT ORIUNDUS
EX OPISDO SAVERDUNO, DIOECESIS APAMIENDIS, etc.

En 1823, on rétablit cette épitaphe, mais dans un autre sens :

HIC JACET BENEDICTUS PAPA XII.
OBIIT DIE XXV APRILIS MCCCXLII.

Dans la même chapelle on conserve un autel en marbre, fort ancien, en forme de table, soutenu par cinq colonnes, avec un rebord peu saillant. Il était autrefois dans le chœur, caché sous un autel plus moderne, en forme de tombeau. On l'a découvert lorsqu'on a remplacé ce dernier par celui que l'on voit aujourd'hui. Peut-être a-t-il été en usage du temps des papes, qui, comme on sait, disent la messe le visage tourné vers les fidèles. Cette même position était celle de tous les officians; et c'est une question très-obscure et très-difficile que de préciser l'époque où les autels, en forme de table, ont été remplacés par l'espèce de coffre ou de tombeau qu'on a depuis long-temps adoptée dans toutes nos églises.

Ces quatre écussons sont du cardinal Bertrand, d'Elie, archevêque de Nicosie ; de Faydit d'Aigrefeuil ; du cardinal Pierre de la Barrière.

Le cardinal Bertrand (Pierre), naquit à Annonai, il professa le droit civil à Avignon et ailleurs; il fut évêque de Nevers en 1320, d'Autun en 1323 et cardinal en 1331. Il mourut à Villeneuve le 24 juin 1349 au prieuré de Montaut de Villeneuve, où il y fut enseveli.

Elie de Nebullane, fut archevêque et patriarche de Jérusalem.

Faydit d'Aigrefeuil, 71ᵉ évêque d'Avignon, d'après, Nouguier était de Limoges.

Pierre de la Barrière, fut cardinal de l'ordre des prêtres.

Cette chapelle renferme aussi les tombeaux suivants :

Dominique de Grimaldi, fut le dixième vice-légat. Il naquit à Gênes. Il eut la charge de commissaire-général des galères du Saint-Siège au fameux combat naval de Lepante qui se donna en 1571, entre les flottes chrétienne et turque. A son retour il fut nommé abbé de Notre-Dame de Mont-Majour, à Arles. Le pape le nomma à l'évêché de Savonne et à celui de Cavaillon. Il devint plus tard archevêque, vice-légat, surintendant-général des troupes d'Avignon et du Comtat-Vénaissin. Pendant sa vice-légation, il purgea la province de tous les hérétiques que son prédécesseur n'avait pu chasser. Il mourut à Avignon en 1592. Son corps fut inhumé à Notre-Dame des Doms. Il était âgé de 57 ans.

Dominique de Marinis, 31e vice-légat, naquit à Rome d'une famille de Gênes ; il fut dominicain, général de son ordre et archevêque d'Avignon ; il y arriva en 1649. Il fonda deux chaires de théologie dans l'université de la ville, en faveur des religieux de Saint-Dominique ; il fit réparer et embellir les châteaux de Barbentane, de Bédarrides et son palais d'Avignon que la foudre avait considérablement endommagé le 29 août 1650, vers 10 heures du soir. Il assembla un sinode en 1668 et mourut le 20 juin 1669, à 76 ans. Il a laissé plusieurs ouvrages de théologie et un commentaire sur la somme de Saint-Thomas-d'Aquin. Son corps fut inhumé à la métropole dans un tombeau particulier que lui firent ériger les recteurs du Mont-de-Piété. La ville d'Avignon lui doit la création de l'œuvre de bienfaisance du Mont-de-Piété établie en 1609 et l'institua son héritière universelle.

Laudalphe de Brancas fut créé cardinal par le pape Célestin V. Il était fils de Basile de Brancassio, comte d'Agnono. Il s'était établi en Provence à l'occasion des emplois qu'il avait à remplir auprès de Louis II, d'Anjou et de la Cour pontificale. Le cardinal Laudalphe (Pierre-Nicolas) mourut à Avignon, en 1312, et fut enseveli dans la chapelle de la Croix de Notre-Dame des Doms. Son épitaphe était en lettres gothiques.

Cette chapelle destinée à recevoir la statue de Pradier, votée après le choléra de 1835, a été peinte pour la circonstance. Les litanies de la vierge sont à la voûte, les anges, les prophètes, l'arche d'alliance, la Nativité, retracent les principaux attributs dont les chrétiens environnent la Mère du Sauveur. On dirait que toutes ces belles peintures sont écloses d'un seul jet dans la pensée de M. Dévéria et que toutes les parties coordonnées d'avance étaient réalisées pour lui avant d'être transportées sur ces murailles. On doit attendre qu'elles soient terminées avant de pouvoir rendre tout ce qu'elles auront de beau et de grandiose.

CLOITRE.

La révolution a laissé nu le vaisseau de l'église. Le cloître qui se trouvait derrière le chœur a été démoli en entier. Sa construction était due aux libéralités de Charlemagne. C'était un pourtour carré et spacieux de 52 arceaux, soutenus chacun par deux colonnes de marbre noir, dont les chapiteaux représentaient les actions mémorables de ce Prince. C'est au milieu de ce cloître qu'était ce puits d'une si grande profondeur : il fut comblé vers la fin de 1799 : il avait été creusé dans une roche calcaire (I) avec un travail immense.

L'époque de cet ouvrage doit coincider avec avec celle de la fondation même d'Avignon, puisque le temple de Diane bâti sur le rocher de cette ville, dès son origine, ne pouvait se passer d'eau pour les sacrifices et les ablutions. L'ouverture se trouvait environ 10 pieds au dessous de la plate-forme, qui a 24 toises au dessus du niveau moyen du Rhône. La profondeur de l'ouverture extérieure à la surface de l'eau, devait être de 22 toises. Les puits de la Vice-Gérence, et celui de la cour du palais des papes, creusés également dans le roc, quoique d'une profondeur moindre, sont les plus élevés de la ville.

Le 29 août 1650 vers 10 heures du soir le tonnerre tomba sur la chapelle du fort de St Martin. Notre-Dame et le cloître furent ébranlés, les chambres à moitié ouvertes, les murs s'écartèrent, les vitres furent toutes brisées, toute la ville fut effrayée, et selon l'usage de ces temps on fit des prières publiques, l'archevêque ordonna une procession générale pour fléchir la colère de Dieu; la noblesse, les consuls, et tout ce qui ne fut pas malade dans la ville la suivirent, il y avait plus de vingt-cinq mille âmes sur la place du Palais qui reçut la bénédiction du premier Pontife de la Cité du haut de la plate-forme.

---

(1) M. Guérin, page 88.

CHAPITRE CINQUIÈME.

PAPES.

Sept papes ont siégé à Avignon.

1309. Clément V (Bertrand de Got), né à Villandrant, archevêque de Bordeaux. Ce pape mourut à Roquemaure : son corps fut transféré dans l'église de St.-Siffrein à Carpentras, et de là dans l'église abbatiale d'Useste, où fut dressé un superbe tombeau.

Au concile de Vienne, l'an 1310, la fête du Très-Saint-Sacrement qu'Urbain IV avait instituée en 1264, y fut confirmée. Clément V, à son retour à Avignon, institua la procession du Très-Saint-Sacrement. Les Romains, en reconnaissance, firent placer l'inscription suivante dans le Vatican,

<CENTER>
CLEMENTE V PONTIFICE
CLEMENTINARUM DECRETALIUM
CONSTITUTIONUM CODEX
INSTITUITUR.
PROCESSIO SOLEMNITATIS CORPORIS DOMINI
INSTITUITUR. HÆBRAICÆ, CHALDAICÆ, ARABICÆ ET GRECÆ
LINGUARUM STUDIUM PROPAGANDÆ FIDEI ERGO
IN NOBILISSIMIS QUATUOR EUROPÆ ACADEMIS INSTITUI-
TUR,
</CENTER>

Cette procession eut lieu pour la première fois en 1312. Les citadins secondèrent le zèle du pape; rien ne fut épargné pour en rendre l'éclat plus pompeux et l'appareil plus frappant. La Fête-Dieu a toujours été la plus imposante solennité dans ce pays de prêtres, d'anciens moines et de pénitens. De 20 lieues on vient assister à ces promenades religieuses. Avant 93 on regardait les rues de la ville comme des jardins enchantés, la campagne se dépouillait de ses fleurs de genet, les bords de la Durance des ses joncs, les jardins de leurs roses pour couvrir le pavé raboteux, les boutiques étaient transformées en salons où l'on mangeaient les pâtés et les fraises; dans ce bon vieux temps pas une tête qui ne fût frisée à l'oiseau royal, pas de perruque de chanoine, pas de chignon de beau sexe qui ne fût blanchi. Le peuple avait une physionomie de bonheur et de joie. Les vieux canons braqués sur la plate-forme tonnaient pacifiquement et ne faisaient trembler que les anges, les petits abbés et les Magdeleines de la procession. Un sentiment de terreur religieuse s'emparait de l'imagination à l'aspect de l'archevêque tenant entre ses mains l'Homme-Dieu, ce vrai pain de vie qui donne la paix du cœur et l'immortalité. S'avançant au milieu d'une nuée toute parfumée, au son de toutes les cloches, aux accens d'une harmonie céleste. Ces accords si suaves rappelaient cette foi qui oblige de croire ce que les yeux ne peuvent pas voir ni la raison comprendre. Ce temps a passé, la Fête-Dieu de nos jours n'est que l'ombre de celle de nos pères.

1316. JEAN XXII (Jacques d'Ossa), de Cahors, élu pape le 7 août 1316 par les 23 cardinaux qui siégeaient au conclave de Lyon. Mort le 4 décembre 1334 et inhumé à Notre-Dame à 9 heures du matin, après avoir entendu la messe.

JEAN XXII était d'une taille fort petite, il avait le teint pâle, la voix grêle, un esprit vif, pénétrant, sublime; il était savant, studieux, éloquent, parlant avec grâce et facilité. Ses mœurs étaient austères, il aimait la justice qu'il faisait rendre exactement. Il était sobre, frugal et modeste ; à son arrivée à Avignon le 2 octobre 1316, il donna des preuves de son attachement aux chanoines de Notre-Dame, il reçut deux archidiacres, leur unit les riches monastères de Saint Michel de Frigolet et de Saint Paul du Mausolée, les Prieurs de ces monastères Bertrand et Guiscard furent les deux premiers archidiacres et les religieux furent incorporés dans le chapitre.

Il fixa, par une circulaire adressée à toutes les cours, sa résidence à Avignon : il voulut gouverner l'église d'Avignon par lui-même, et nomma des vicaires généraux pour lui aider. Il avait un grand attachement pour son chapitre métropolitain, et une grande dévotion à la sainte Vierge, à qui l'église est dédiée ; il la manifesta par les indulgences qu'il accorda à ceux qui la visiteraient ; il y établit la prière *Angelus* ; et d'Avignon où cette salutation angélique fut d'abord en usage, elle se répandit dans tout l'univers. Le 26 juillet, il tint un consistoire, où il publia le passage général à la terre sainte. Le roi Philippe fut établi chef de la croisade. Pour se rendre le ciel favorable, le pieux pontife fit composer un office pour la fête de la sainte Trinité, dont il fixa le jour au premier dimanche après la Pentecôte.

1334. BENOIT XII (Jacques Fournier), né à Saverdun, diocèse de Pamiers, religieux de Cîteaux, élu pape par les 24 cardinaux réunis au conclave, dans le palais d'Avignon. Sa piété établit à la cour pontificale la pratique la plus exacte du culte du Seigneur. Pour faire chanter ses louanges, il choisit douze prêtres qu'il logea dans son palais ; il les nourrissait des mets de sa table, pourvoyait à leurs vêtements, à tout leur entretien et les faisait coucher dans un dortoir commun. Ces prêtres étaient sans rochet, ils n'avaient d'autre occupation que de chanter nuit et jour l'office divin sur les notes qu'il avait composées.

Les peuples furent heureux sous son pontificat. Les remèdes qu'il fit pour arrêter l'écoulement de ses jambes lui abrégèrent ses jours, il mourut le 25 avril 1342, regretté de tous les gens de bien. Il fut enseveli dans une chapelle que l'on bâtit exprès à Notre-Dame-des-Doms, où on lui éleva un mausolée qui n'est point celui que l'on voit aujourd'hui. Baluze dit qu'il s'opéra des miracles après sa mort et que la France et l'ordre de Citeaux le mettent au nombre de leurs saints. La thiare des papes n'était qu'un simple bonnet sans ornement.

Le pape Hormidas plaça sur cette mitre une couronne que Clovis avait envoyée à St-Jean-de-Latran, et qu'il avait reçu lui-même en présent de l'empereur de Constantinople, Anastase. Boniface VIII y mit la seconde, et Benoît XII la troisième. Benoît mourut à Avignon le 25 avril 1342, et fut enterré dans l'église de la Métropole.

1342. CLÉMENT VI (Pierre Roger), né à Maumont, diocèse de Limoges, élu pape par les 26 cardinaux qui assistèrent au conclave le 18 décembre 1342. Il était doux, poli, complaisant, sa conversation agréable et intéressante ; on l'écoutait avec plaisir, on gagnait à l'entendre et on ne pouvait le quitter sans être prévenu en sa faveur. Pierre de Herental assure que sa pratique constante était de ne renvoyer personne sans quelque consolation. Il voulut à son exaltation que l'on distribuât gratis pendant deux mois, toutes les graces que les pauvres ecclésiastiques lui demanderaient ; les prêtres de toute l'Europe se rendirent à Avignon pour profiter d'une faveur si nouvelle, on en vit arriver à Avignon, cent milles. Clément VI, effrayé de cette multitude, s'empressa d'éloigner de la ville tant d'étrangers qui auraient fini par y causer du désordre, et leur promit à tous de s'occuper de leurs demandes.

Notre-Dame-des-Doms eut aussi part à ses faveurs; il unit au chapitre en 1347 l'église de Morières et le produit devait servir à l'habillement des chanoines. Ce pape fit l'acquisition de la ville d'Avignon que lui céda la reine Jeanne de Naples. C'est sous son pontificat que notre ville fut dévastée par la peste de 1348. Bernard de Rascas et son épouse, parens du pape, fondèrent l'hôpital d'Avignon sous l'invocation de St.-Bernard et Ste Marthe. L'église de St.-Pierre et son portail gothique furent aussi construits. Clément VI mourut à Avignon de fièvres continus. Son corps fut déposé à Notre-Dame et ensuite transféré dans l'église du monastère de la Chaise-Dieu, ainsi qu'il l'avait ordonné.

1352. INNOCENT VI (Etienne Aubert), évêque d'Ostie, né à Beissac (Corrèze). Il mourut à Avignon le 12 septembre 1362. Son corps fut transféré peu de temps après à la chartreuse de Villeneuve-lés-Avignon. Un magnifique tombeau, dans le style gothique, s'éleva pour lui au milieu du chœur de la chapelle de ces solitaires, qu'il avait établis dans le palais papal qu'il possédait à Villeneuve. Ce mausolée enfoui dans une écurie depuis la vente de la Chartreuse, a été restauré et placé dans la chapelle de l'hôpital de cette ville. En 1358, Innocent VI fit construire les remparts pour garantir la ville d'Avignon des attaques des brigands.

1362. URBAIN V (Guillaume de Grimoard), abbé de St.-Victor à Marseille, élu pape en 1361. C'est lui qui fit creuser ce fameux puits qu'on voyait autrefois au milieu du cloître. Urbain mourut à Avignon le 19 décembre 1370, dans le palais du cardinal Grimoaldi son frère, appartenant aujourd'hui à M. Pamard. Sa dépouille mortelle fut transportée à Marseille dans le couvent de S.-Victor, dont il avait été abbé.

1370. GRÉGOIRE XI (Pierre Roger), de Limoges, élu pape le 30 décembre 1370. Il transféra le siége pontifical à Rome, et y mourut quelques mois après son arrivée.

ANTI-PAPES.

Deux anti-papes ont siégé dans Avignon après la mort de Grégoire XI, pendant le schisme d'Occident.

1378. CLÉMENT VII (Robert de Genève), 1er anti-pape, mourut à Avignon d'une attaque d'apoplexie, le 16 septembre 1393. Son corps resta dans l'église de Notre-Dame jusqu'à l'achèvement de l'église des Célestins. Il y fut tranféré en 1396 et placé au milieu du chœur dans un tombeau orné des statues des douze apôtres et entouré d'une grille de fer.

La reine Jeanne mourut le 21 mai 1382, à 58 ans. Clément et Louis furent consternés de cette mort, ils rendirent tous les honneurs funèbres qui étaient dus à la mémoire de leur bienfaitrice. Le cardinal de Casence prononça l'oraison funèbre en présence du St.-Père dans l'église de Notre-Dame où se firent les obsèques.

1394. BENOIT XIII (Pierre de Luna), espagnol, second anti-pape pendant le schisme. Il sortit furtivement d'Avignon le 12 mai 1403, au moment où il allait être pris par les troupes assiégeantes, et se retira à Château-Renard; il parcourut ensuite plusieurs villes de la Provence, et se fixa enfin à Peniscola dans l'Aragon, où il mourut en 1423, après avoir tourmenté l'église et l'Europe chrétienne pendant près de trente ans.

CHANOINES.

Le vénérable chapitre de Notre-Dame a toujours eut des membres qui se sont distingués. Le XVIIIme siècle vit : Elzéar-François-de-Baume-des-Achards, naître à Avignon le 29 janvier 1679, d'une ancienne famille venue de la commune de la Baume, canton d'Aspres (Hautes-Alpes). Ce chanoine se livra aux missions de campagnes; il évangélisa la Provence, le Languedoc, le Dauphiné et tout le Serrois; Veynes, Aspres, Serres, Eyguians, Lazague et Lagrand. Il logeait dans le prieuré qui dépendait alors de Ganagobie. Après dix ans de prédication, il fut récompensé par un canonicat à Notre-Dame, il en devint prévôt. Lors de la peste de 1721, il se signala par un dévouement héroïque. Le pape le nomma évêque d'Alicarnasse et l'envoya pour mettre fin à des différends qui existaient entre les missionnaires de la Cochinchine, les jésuites le firent emprisonner à Macao jusqu'en 1739 qu'il partit pour Canton. Il mourut à Cochin le 2 avril 1741 martyr d'un zèle infatigable et fort traversé.

Joseph-Crispin-Louis-des-Achards de la Baume fut aussi prévôt de l'église Métropolitaine et nommé évêque de Cavaillon le 14 mars 1760. Pendant l'inondation de 1755 M. le marquis de Fortia d'Urbain fut désigné avec le prévôt des Achards pour aller porter des vivres dans les bas-quartiers de la ville, le bateau s'engagea dans une ruelle fort étroite et ne put plus ni avancer ni reculer, les fenêtres des maisons étaient garnies de monde qui demandaient du pain avec des cris épouvantables ; les bateliers refusèrent de se mettre à l'eau pour distribuer le pain, M. de Fortia prit le sac qui pesait 76 livres et se mit dans l'eau, M. des Achards quitta sa soutane le suivit avec un baril d'eau claire sur ses épaules. Ce prélat qui a été le dernier évêque de Cavaillon est mort à Lyon en 1793.

Le XVIème avait vu Louis Beau d'Avignon, né le 17 novembre 1553, professeur de droit canon avec la plus grande réputation, il reçut après 20 ans d'exercice, le grade et la robe rouge de comte aux lois, il fit construire la tour du collège des jésuites. Louis Beau devint chanoine de la Métropole et grand-vicaire du diocèse.

CHAPITRE SIXIÈME.

TOMBEAUX DES ARCHEVÊQUES.

L'an 1608 Etienne Dulcis, religieux de l'ordre des Frères-Prêcheurs, fit construire pour lui et ses successeurs un sépulchre devant le maître-autel. Ses prédécesseurs avaient choisis leur lieu de repos dans la chapelle du Chapelet.

Les hommes illustres inhumés dans le sanctuaire, dont les tombeaux ont en partie disparu lors de la dévastation de l'église, doivent être cités dans cette notice.

D'abord, Jean-Louis de Crillon, archevêque de Narbonne.

Egide de Bellamera, savant jurisconsulte, auditeur de Rote à Avignon, et auditeur du pape; ensuite évêque de Lavaur, d'Annecy et d'Avignon, mort en 1407.

Louis-Joseph-Dominique de Cambis-Velleron, florentin d'origine, né à Avignon, mort le 22 mai 1772.

Louis de Poulle, abbé de Nogent, prédicateur du Roi, mort en 1781, âgé de soixante-dix-neuf ans.

Etienne Dulcis, religieux de l'ordre des Frères-Prêcheurs, archevêque d'Avignon, mort le 23 juin 1624.

Maurice de Gonteris, de Cavaillon, né à Turin, mort le 12 mai 1742. Il fut inhumé dans le tombeau des archevêques à Notre-Dame. Ce tombeau avait son entrée devant le maître-autel.

Frédéric de Savone, vice-légat d'Avignon, mort le 16 mars 1609.

Alexandre de Montecatini, de Ferrare, archevêque d'Avignon, chartreux, mort le 6 octobre 1689.

Charles d'Anguicciola, de Plaisance, vice-légat

d'Avignon, mort le 17 août 1676.

Azon Arioste, de Bologne, archevêque d'Avignon, mort le 18 novembre 1672, trois ans après son arrivée à Avignon. Il avait été auditeur de la chambre apostolique et trois fois vice-légat.

Joseph Guyon de Crochans, d'Avignon, mort archevêque le 23 septembre 1756. Il avait des goûts très-splendides et une très-riche chapelle. Il fut le premier Avignonais élevé au siége archiépiscopal de sa patrie. St-Agricol avait été le premier évêque. Ce sont des exceptions à l'axiome *ne mo propheta acceptus est in patriâ suâ.*

François de Manzi, archevêque d'Avignon, mort en novembre 1774.

César Argelli, de Bologne, archevêque d'Avignon, mort en 1618.

Bernard Pinelli, de Gênes, archevêque d'Avignon, théatin, mort le 18 janvier 1616.

Joseph Ferreri, de Savone, vice-légat, mort le 16 mars 1610.

Jean-François Bordini, de l'Oratoire, archevêque d'Avignon, mort le 24 janvier 1609.

Louis de Rochechouart, vice-légat, mort le 28 juin 1705.

A côté de l'autel et sous le banc des autorités, est le tombeau de la famille de Crillon. *Hic jacet nobilis et illustris Domina, Maria de Berton de Crillon, ill. D. de Bresson, apud arvernos dinastæ vidua, et hæres, quæ pietate honestate, et virtutibus insignis.*

Obiit an 1645, die 11 januarii.

Sous le siége archiépiscopal, repose M. Etienne-Martin-Maurel-de-Mons, décédé le 4 octobre 1830.

Le cardinal du chatenier, fut nommé par Philippe-le-bel, pour obtenir la canonisation de saint Louis auprès du pape Boniface VIII; il mourut à Avignon le 14 août 1417, et fut enseveli à Notre-Dame.

Le cardinal Talleyrand Périgord, venu à Avignon pour traiter d'une croisade, y mourut en 1364.

Le cardinal Pierre de Crosso, évêque de Senlis, y mourut de la peste le 17 décembre 1350.

CHAPITRE SEPTIÈME.

CLERGÉ.

Avignon a été érigé en évêché vers l'an 250, par saint Paul Serge, évêque de Béziers et de Narbonne, et en archevêché le 21 novembre 1475. Le cardinal Julien de la Rovère, légat d'Avignon, supplia le pape Sixte IV son oncle, d'ériger cette église en Métropole. Sept papes y ont résidé l'espace de plus de 70 ans. En mémoire de ce séjour de la cour romaine dans Avignon, le saint siège accorda aux chanoines et aux bénéficiers de la métropole des priviléges, en vertu desquels et dont la seule difficulté des temps avait fait interrompre l'usage. Monseigneur l'archevêque a accordé aux chanoines de Notre-Dame d'y porter l'habit de chœur, comme leurs anciens confrères ; et le maître des cérémonies, le secrétaire de l'archevêché, (quand ils ne seraient pas chanoines,) ainsi que les vicaires de chœur, ceux des anciens bénéficiers, ces habits de chœur pour les chanoines sont la *Cappa* en laine écarlate, dont le camail est garni l'été en soie cramoisie, et l'hiver en fourrure blanche.

L'habit de chœur des bénéficiers, est le rochet sans manches, la *Cappa* en laine violette ; dont le camail est garni, l'été en soie de la même couleur, et l'hiver en fourrure grise.

Les autres ecclésiastiques ne peuvent porter que le surplis dit à la romaine.

Trois papes ont été sacrés à Notre-Dame des Doms : Innocent VI, Urbain V et Grégoire XI ; Jean XXII fut sacré dans l'église des Dominicains.

Le siége d'Avignon a été occupé par 79 évêques depuis son érection jusqu'à l'année 1475, époque à laquelle Julien de la Rovère, légat d'Avignon, supplia le pape Sixte IV, son oncle, de l'ériger en métropole. Ce même siége a eu ensuite 28 archevêques.

Sept de ces évêques ont été canonisés ; saint Ruf, saint Just, saint Donat, saint Maxime, saint Magne, saint Agricol et saint Vérédème.

Deux ont été élevés à la papauté : Jacques d'Ossa, sous le nom de Jean XXII et Julien de la Rovère, sous celui de Jules II.

Douze ont été nommés cardinaux : Jacques d'Ossa, Jacques de Via, Arnaud de Via, Anglicus Grimoard du Roure, Faydit d'Aygrefeuille, Alain de Goëtivy, Julien de la Rovère, Hippolyte de Médicis, Alexandre Farnèse, Annibal de Bussoto, Georges d'Armagnac, François-Marie Thaurusi.

Le pape Innocent IV donna aux cardinaux le chapeau et la barette rouge, pour ornement : c'était la marque d'honneur qui devait les faire reconnaître comme princes de l'église.

Il y eut, pendant la révolution, trois évêques schismatiques et un évêque d'après le concordat. Trois archevêques ont été nommés depuis 1821.

Le chapitre de Notre-Dame des Doms était composé d'un prévôt, de deux archidiacres, d'un pénitencier, d'un capiscol, de quinze chanoines, et de quatre chanoines hebdomadiers.

Il y avait aussi dans cette église quatorze bénéficiers, dont dix prêtres, deux diacres et deux sous-diacres, trois locataires ou amovibles et six enfans de chœur.

L'habit de chœur des chanoines consistait en un manteau traînant d'écarlate et un camail d'hermine. Les bénéficiers portaient un manteau violet comme les évêques.

Mgr. Du Pont a fait reprendre l'ancien costume, dont la seule difficulté des temps avait fait interrompre l'usage.

ÉVÊQUES.

1. S. Ruf, né à Cyrène, ville de Lybie, évêque l'an 70.
2. S. Juste, vers l'an 90.
3. Métian, l'an 356.
4. Maxime I, l'an 451.
5. Saturnin, l'an 465.
6. S. Donat, de Sisteron. On croit celui-ci douteux.
7. Julien I, l'an 506.
8. Salutaire, l'an 517.
9. Antoine, l'an 519.
10. Jean I, l'an 585.
11. Valens, l'an 587.
12. S. Maxime II, l'an 627.
13. Emond, abbé de Mont-Major-les-Arles, l'an 630.
14. S. Magne, de Provence, père de S. Agricol, l'an 616.
15. S. Agricol, né à Avignon, élu du vivant de son père, 660.
16. S. Vérédème, grec d'origine, l'an 700.
17. Jean II, l'an 720. (En 731, Avignon fut saccagé par les Barbares.)
18. Alphonse, l'an 760.
19. Joseph, né à Avignon, l'an 766.
20. Amy, l'an 795. Amy consacra Notre-Dame.
21. Humbert, l'an 796.
22. Remi, l'an 822.

23. Foulques (Fulchérius), l'an 835.
24. Ragenutius, l'an 854.
25. Alduin, l'an 860.
26. Ratfrède, l'an 878.
27. Foulques II, l'an 911.
28. Uvernier, l'an 976.
29. Landeric, l'an 996.
30. Pierre I, l'an 1002.
31. Heldebert, l'an 1005.
32. Senioret, l'an 1037.
33. Benoît I, l'an 1038.
34. Rostang I, né à Avignon, l'an 1050.
35. Albert, l'an 1080.
36. Aribert, l'an 1104.
37. Rostang II, né à Avignon, l'an 1110.
38. Laugier, l'an 1126.
39. Valfredus Geoffroy, l'an 1150.
40. Artaud, l'an 1164.
41. Raymond, l'an 1174.
42. Pons, l'an 1177. (S. Bénezet vient à Avignon et bâtit le pont.)
43. Pierre II, l'an 1179.
44. Rostang III, de Marguerites, l'an 1180.
45. Rostang IV, de Marguerites, l'an 1197.
46. Guillaume I, de Monteils, l'an 1209.
47. Pierre III, de Corbie, l'an 1225.
48. Nicolas, l'an 1227.
49. Bermond, l'an 1232.
50. Bertrand I, l'an 1233.
51. Bernard I, l'an 1234.
52. Benoît II, l'an 1238.
53. Bernard II, l'an 1250.
54. Zoë, l'an 1250.
55. Etienne, l'an 1261.
56. Bertrand II, l'an 1264.
57. Robert I, l'an 1268.
58. Jean III, l'an 1270.
59. Raymond, l'an 1271.
60. Robert II, l'an 1282.

61. Benoit III, l'an 1287.
62. André de Languizello, de Nismes, l'an 1291.
63. Bertrand III, de Tarascon, l'an 1304.
64. Guillaume II, de Mandagot, l'an 1305.
65. Jacques I d'Ossa, 1310, de Cahors, pape en 1316.
66. Jacques II de Via, neveu de Jean XXII, l'an 1316.
67. Arnaud de Via, de Cahors, 1317.
68. Jean IV de Coyardant, de Belpech, l'an 1335. (Concile du 25 avril 1337. Défense aux bénéficiers et aux ordres sacrés de manger de la viande le samedi et de porter la barbe. Il ordonna de chômer la fête de la dédicace de la cathédrale dans tout le diocèse, comme une fête double.)
69. Anglicus de Grimoald, frère d'Urbain V, l'an 1362.
70. Pierre IV Gérard, neveu d'Urbain V, 1368.
71. Faydit d'Aigrefeuil, de Limoges, 1375.
72. Gilles de Bellamera, l'an 1398.
73. Pierre de la Tourroie, l'an 1410. (En 1412, la cathédrale est profanée par les soldats de Rodéric et réconciliée par Jean de Poitiers, évêque de Valence et de Die.)
74. Simon de Gramand, l'an 1412.
75. Guy I de Boschage, l'an 1415.
76. Guy II Spiefani, d'Avignon, l'an 1420.
77. Guy III de Rossillon, l'an 1426.
78. Marc de Condulmeri, vénitien, l'an 1426.
79. Alain de Coëtivi, l'an 1438.

ARCHEVÊQUES.

1. Julien du Roure, de Savone, 1475.
2. Antoine Florès, espagnol, l'an 1504.
3. Orland de Carretto, l'an 1512.
4. Hippolyte de Médicis, neveu de Clément VII, l'an 1527.

5. Alexandre Farnèse, neveu du pape Paul III, l'an 1535.
6. Annibal de Buzzoto, napolitain, l'an 1552.
7. Félician Capiton, de Narni, l'an 1566.
8. Georges d'Armagnac, élève du cardinal d'Amboise, 1577.
9. Dominique Grimaldi, de Gênes, l'an 1585.
10. François-Marie, Thaurusi, né au Mont-Politien, neveu du pape Jules II, l'an 1592.
11. Jean-François Bordin, oratorien, l'an 1698.
12. Etienne Dulcis, d'Orviette, l'an 1609.
13. Marius Philonardi, de Rome, l'an 1624.
14. Bernard Pinelli, religieux théatin, l'an 1645.
15. César Argelli, de Bologne, l'an 1647.
16. Dominique de Marinis, de Gênes, l'an 1649.
17. Azon Arioste, de Bologne, l'an 1669.
18. Hyacinthe Libelli, l'an 1673.
19. Alexandre de Montecatini, de Ferrare, l'an 1686.
20. Laurent-Marie Fiesqui, de Gênes, l'an 1690.
21. François-Marie Gonteris, de Turin, l'an 1705.
22. Joseph de Guyon de Crochans.
23. François-Marie de Manzi, l'an 1757.
24. Charles-Vincent de Giovio, de Pérouse, mort à Rome, le 12 octobre 1793. (Pendant les troubles révolutionnaires l'église d'Avignon fut gouvernée par des évêques appelés intrus. Les électeurs départementaux crurent avoir le droit de choisir les évêques : ceux de Vaucluse nommèrent M. de Rovère-Fonvielle, François-Marie-Régis : il fut sacré à Avignon, le 20 octobre 1792, dans l'église des Carmes, par M. Roux, évêque d'Aix, assisté de MM. Dumonchel et de Savines, évêques, l'un de Nismes, et l'autre de Viviers. M. de Rovère est mort à Bonnieux, sa ville natale, en 1820, âgé de 64 ans.)

M. Etienne-Lorrain, né à Avignon.
M. Aubert, né à Eyragues.

M. Jean-François-Perrier, né à Grenoble : il fut évêque légitime.
25. M. Etienne-Martin-Maurel de Mons, né à Aix : il fit de sages réglemens pour son clergé ; il mourut le 4 octobre 1830.
26. Louis-Joseph-d'Humières, mort le 21 septembre 1833.
27. M. Du Pont, Jacques-Marie-Antoine-Célestin, né à Iglésias le 2 février 1792, ancien évêque de Samosate et de S.-Diez, installé archevêque d'Avignon le 21 septembre 1835. Il a passé au siége de Bourges.
28. M. Paul Naudo, né aux Angles (Pyrenées-Orientales), le 22 octobre 1794, évêque de Nevers sacré le 9 novembre 1834 : installé archevêque d'Avignon le 31 août 1842.

C'est de cette basilique qui rappelle de si précieux souvenirs, et qui a été un temps le centre de la catholicité, que les bénédictions apostoliques se sont répandues sur l'univers. C'est dans son sein que Mgr. l'archevêque exerce encore de saintes et augustes fonctions ; les ministres évangéliques y reçoivent l'imposition des mains et les pouvoirs qui légitiment leurs fonctions sacrées auprès des peuples qu'ils instruisent et sanctifient. L'huile-sainte y est annuellement consacrée, pour devenir l'instrument efficace des divines miséricordes. Cette huile sainte coule sur les nouveaux nés, et indique les grâces qui enrichissent l'âme, par la vertu vivifiante de l'eau régénératrice ; elle purifie dans tous les fidèles mourans, par une onction salutaire, tous les organes du péché, et leur assure la victoire dans les derniers instans de la vie ; elle sert aussi à imprimer sur le front d'une jeunesse chrétienne le signe de foi et de salut, en communiquant le Saint-Esprit, avec l'abondance de ses dons.

Il nous arrive ce qui est arrivé à tous les peuples, que la civilisation a vieilli, nous revenons aux anciennes traditions comme à des souvenirs d'enfance, légendes, chartes, priviléges, institutions, nous exhumons avec bonheur ces précieux restes d'une vie sociale qui n'est plus.

Les souvenirs de l'église papale parlent à nos cœurs, ils révèlent à notre imagination les grandes choses qu'elles recouvrent, et dont nos pères nous ont toujours parlé, et dans ce passé si défiguré que de nobles pensées, de grands caractères, de charité, de foi et d'amour.

FIN.

A AVIGNON,

Imprimerie de JACQUET, rue saint Marc, 22.
1844.